aaaaaaaaa

abbbbbbbb

ccccccccdd

ddddeeee

eeeeeF

FFFgggg

g g g g h h

h h i i i i i i i i i i

j j j j k k k k k

uuuu m m m

m m m m m n

n n n n n n n o o o

OOOOOOOPP

PPqqrrrr

RRRSSSS

SSSTTTTTU

UUVVVVWW

WXYYYZZ&

a a a a a a a a a a

a a a a a b b b b b

b b b b c c c c c c

c c c c c d d d d

d d d d e e e e

e e e e e e e e

4

F F F F F F F

g g g g g g g g

h h h h h h h h

h ı ı ı ı ı ı ı ı ı ı ı ı ı

ı ı ı ı j j j j k k k k

k k k k l l l l l l l

m m m m m m m

m m m m ท ท ท ท

ท ท ท ท ท n n n n

o o o o o o o o

o o o o p p p p

p p q q q r r r

RRRRSSSS

SSSSTTTT

TTTTUUUU

VVVmmmm

xxxxyyyy

zzzzGGGG

g h h h h

l l l l j j k

k k l l l l

m m m m

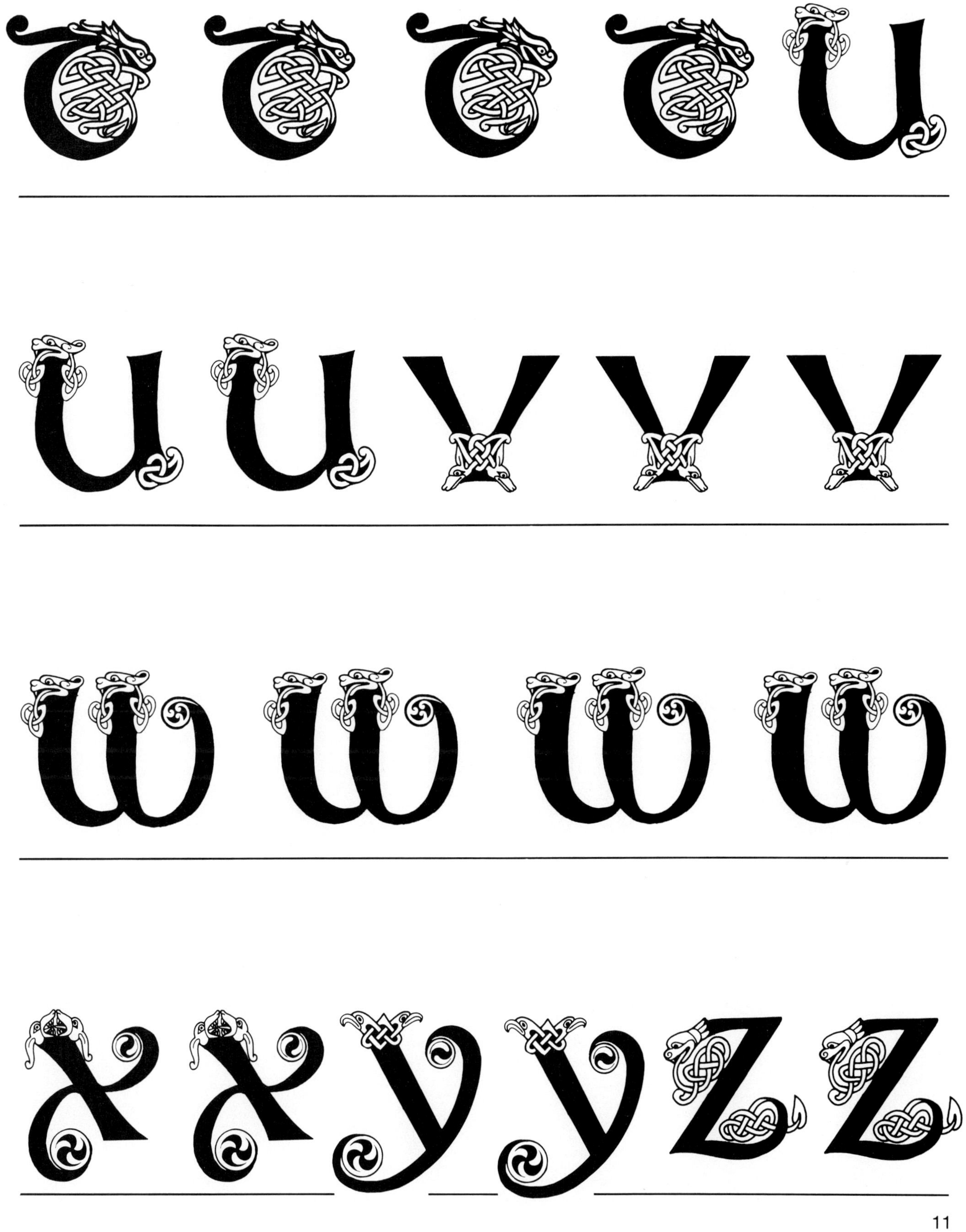

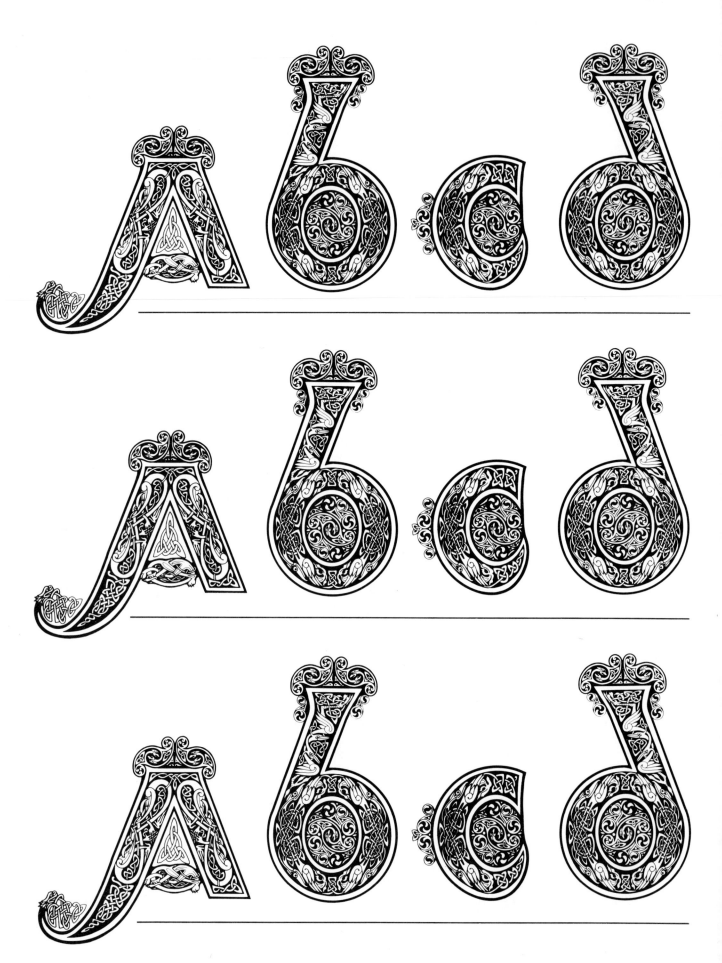

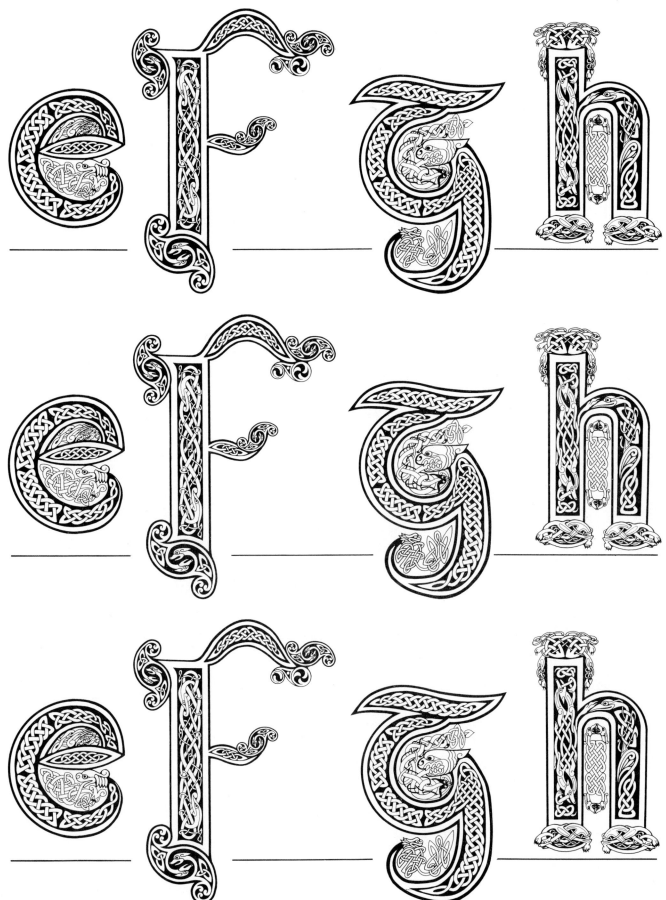

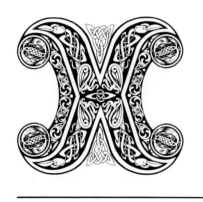  

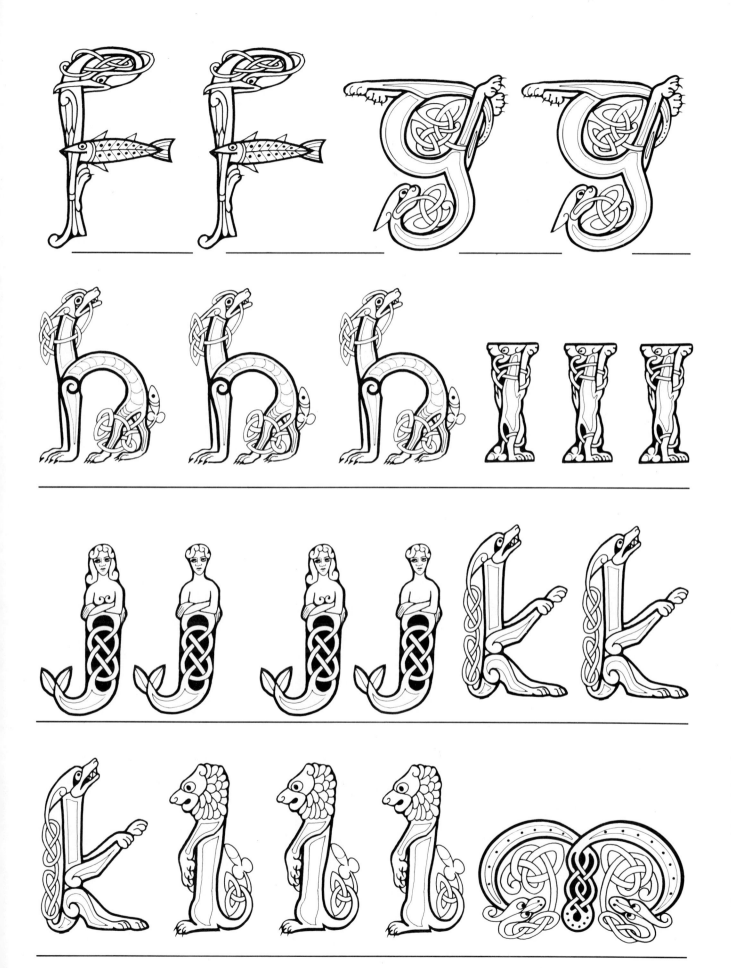

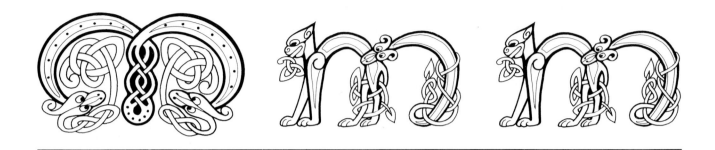

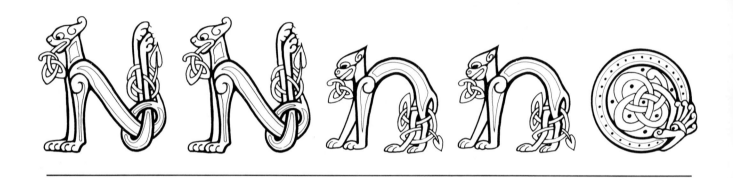

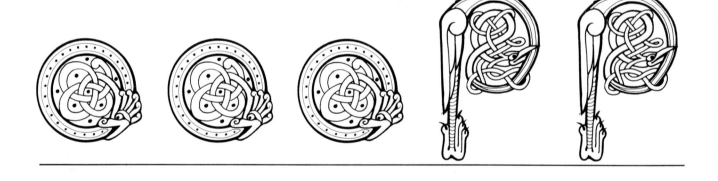

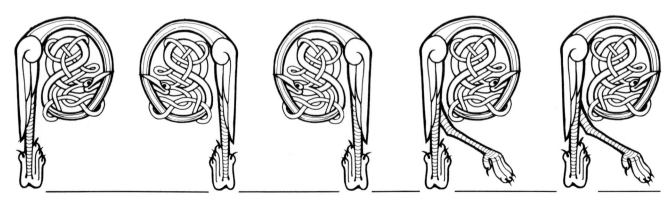

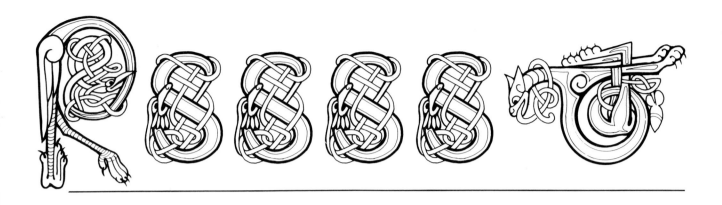

A A A A A B B
B E E E E B B
D D B E E E F F F
G G G G H H I I I I
I I J K K K L L L

MMMMMNN

8888PPP

QRRRSSS

STTTTUV

WWXYYZ

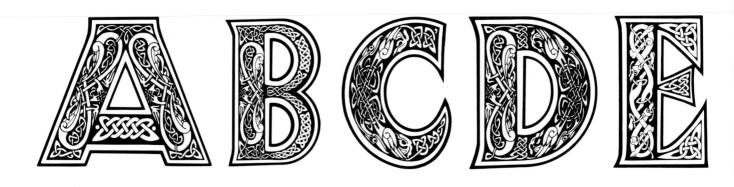

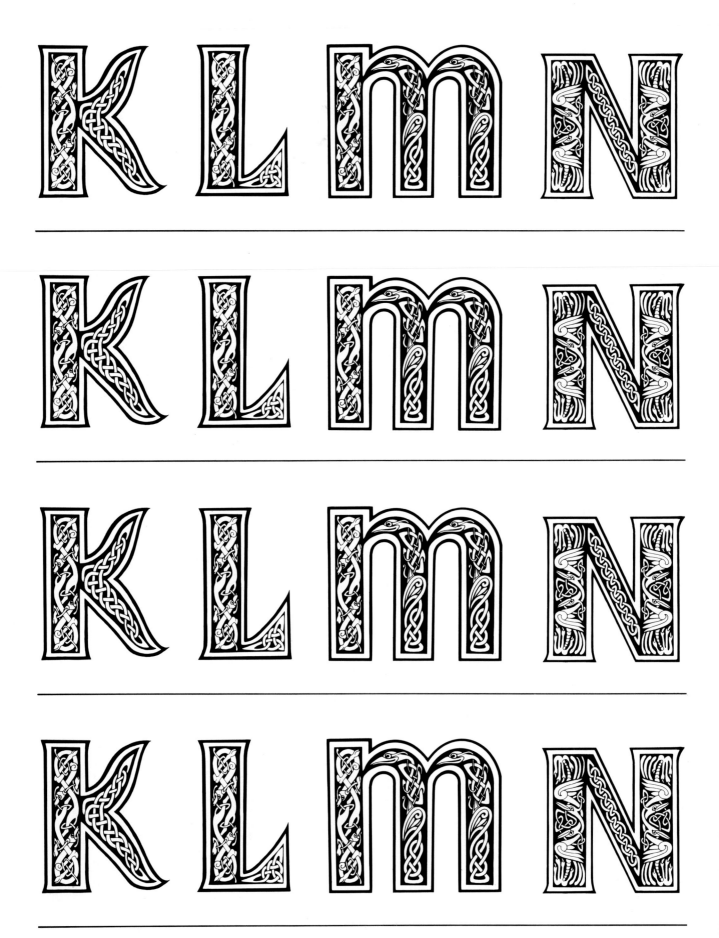

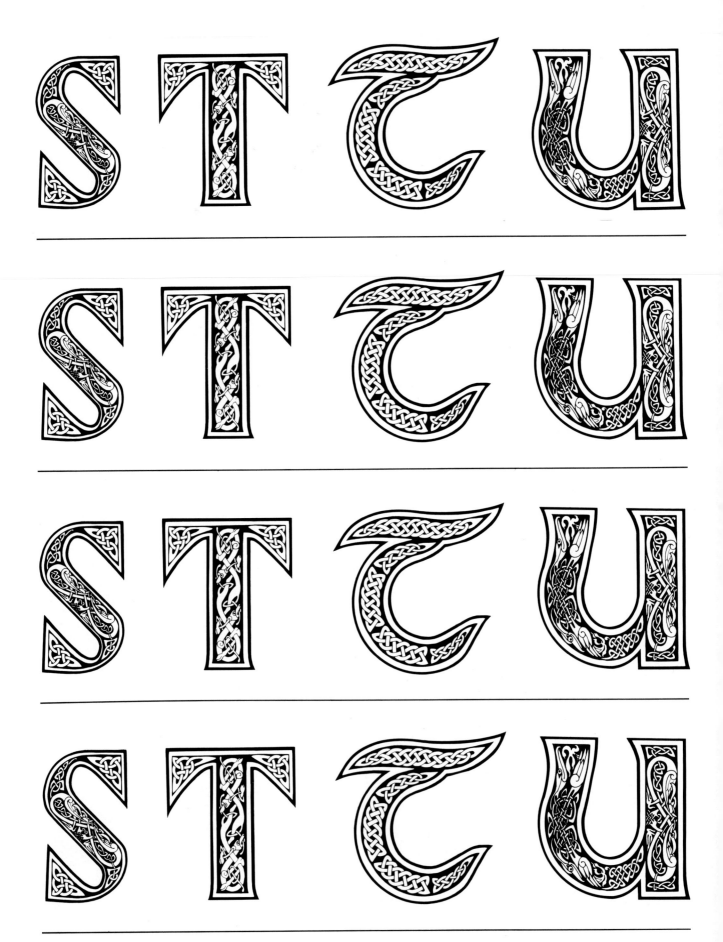

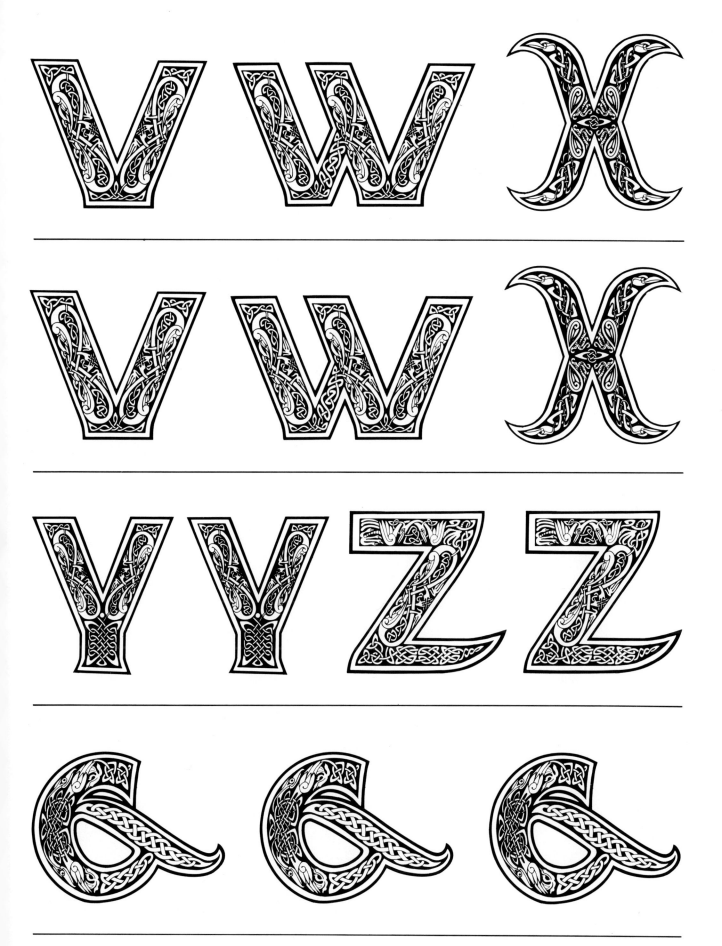

AAAAB

BBCCCC

DDDEEE

EFFFGG

GHHHH

I I I I I I J J J

K K K L L L L

L M M M M

N N N O O

O O P P P P P

31

QQRRR

SSSSTT

TUUUVV

WWWW

XXYYZZ